# 五代十国历史与遗存（第一辑）

主　编　彭建平　冯　夏　刘仕毅
副主编　王光明　孙　毅　杜俊章
　　　　胡　斌
参　编　赵春昉　刘　娜　秦　昕
　　　　高亚兰　闫佳楠　周维维

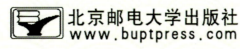

图书在版编目（CIP）数据

五代十国历史与遗存. 第一辑 / 彭建平，冯夏，刘仕毅主编. -- 北京：北京邮电大学出版社，2018.12
ISBN 978-7-5635-5671-7

Ⅰ. ①五…　Ⅱ. ①彭…②冯…③刘…　Ⅲ. ①文化遗迹—考古—研究—中国—五代十国时期　Ⅳ. ①K871.43

中国版本图书馆CIP数据核字（2018）第297088号

| | |
|---|---|
| 书　　名： | 五代十国历史与遗存. 第一辑 |
| 责任编辑： | 毋燕燕 |
| 出版发行： | 北京邮电大学出版社 |
| 社　　址： | 北京市海淀区西土城路10号（邮编：100876） |
| 发　行　部： | 电话：010-62282185　传真：010-62283578 |
| E-mail： | publish@bupt.edu.cn |
| 经　　销： | 各地新华书店 |
| 印　　刷： | 北京宝昌彩色印刷有限公司 |
| 开　　本： | 889 mm×1 194 mm　1/16 |
| 印　　张： | 4.75 |
| 字　　数： | 118千字 |
| 版　　次： | 2018年12月第1版　2018年12月第1次印刷 |

ISBN 978-7-5635-5671-7　　　　　　　　　　　　　　　　　定价：108.00元

· 如有印装质量问题，请与北京邮电大学出版社发行部联系 ·

# 前言

轰轰烈烈的黄巢起义虽然最终没能改朝换代，但对李唐王朝的统治还是造成了巨大的动摇。正是借由镇压这场历时长久、波及广泛的民变，藩镇割据才普遍出现，尤其是部分实力雄厚的军阀虽然接受了唐朝册封的王爵，维持表面上的效忠与统一，但在自己的势力范围内则实行绝对的自治，并不断发生互相兼并的战争，涂炭生灵。其中的梁王朱全忠作为当时最强大的藩镇首领之一，控制了名义上的中央朝廷，并最终决定改元自立，于907年篡唐称帝，建都开封，国号大梁。之后，其他具备实力的藩镇或者表面臣服梁朝，但依然实行自治；或者根本不承认后梁政权，仍然沿用唐朝年号，以示对抗；或者也效仿后梁，乘势称帝自立，建国一方。总之，中国在唐朝末期形式上的统一也不复存在，正式进入了一段分裂时期，史称"五代十国"。"五代"是指907年唐朝灭亡后，以中原地区为主要统治区域依次更替的五个政权，史称后梁、后唐、后晋、后汉与后周。与此同时，还有十几股割据势力在中原地区的政权之外并立迭代，其中的吴、南唐、前蜀、后蜀、吴越、闽、南汉、楚、南平、北汉被北宋欧阳修在其编撰的《新五代史》中称为"十国世家"，并首次提出了"五代十国"这一称谓，一直沿用至今。

"分裂"仿佛是9世纪到10世纪的世界主题。阿拉伯帝国阿拔斯王朝开始衰落，各地封建主拥兵割据，独霸一方，大小王国忽生忽灭，盛极一时的庞大帝国四分五裂，名存实亡。西欧的法兰克王国一分为三（843年），成为近代法国、意大利、德国的雏形。不过，当时的华夏文明显然具有更加强大的向心力，分而未裂的混乱时代很快就被终结。960年，后周大将赵匡胤在陈桥兵变中黄袍加身，建立北宋，标志着"五代"的结束。其后北宋扫荡群雄，最终于979年攻灭北汉，"十国"亦全部灭亡。

于残唐腐朽根基上诞生的这十几个短命王朝，在唐、宋两个庞大帝国的身影间显得那么渺小而又凌乱，这段不到百年的兴亡可谓古代中国最难梳理的历史，可能也是当今社会大众最为陌生的时代。有关五代十国的研究向来多以专业性较强的学术课题为主，而较少有符合普通公众认知需要的资料。成都永陵博物馆作为国内屈指可数的五代十国遗迹开放展示单位之一，来自全国各地的观众经常向我们提问：他的家乡在当时由谁统治？如何建立？又如何灭亡？面对这些问题，工作人员当然是知无不言，只是当时这些大大小小的军阀争斗不休，兵戈扰攘，更替频繁，彼此不断的合作与背叛，人物与事件环环相扣，关系错综复杂，在短暂的参观过程中实在难以说清楚。

因此，我们特编撰系列图书，在实地走访考察的基础上对目前发现的五代十国时期各个割据政权遗存的重要文物资料予以汇编整理。并借此作引,为读者梳理介绍这些政权建立、更迭、灭亡的历史脉络以及势力范围。本书主要面向普通公众,希望读者可以通过该书对这段历史有一个较为直观而清晰的认知。书中的部分资料较为难得,具有一定的学术研究价值,希望爱好者可以按图索骥,对目前国内发现的五代十国重要遗存情况有一些新的了解。

不足之处,还望大家不吝指正。

编　者

# 目　录

## 第一章　五代兴亡 …………………………… 1
### 第一节　后梁（907—923年）………………… 1
### 第二节　后唐（923—936年）………………… 3
### 第三节　后晋（936—947年）………………… 6
### 第四节　后汉（947—950年）………………… 9
### 第五节　后周（951—960年）………………… 11

## 第二章　皇陵遗存 …………………………… 15
### 第一节　后梁皇陵 …………………………… 15
### 第二节　后唐皇陵 …………………………… 18
### 第三节　后晋皇陵 …………………………… 40
### 第四节　后汉皇陵 …………………………… 45
### 第五节　后周皇陵 …………………………… 49

## 参考文献 ……………………………………… 69

## 后　记 ………………………………………… 70

# 第一章　五代兴亡

## 第一节　后梁（907—923 年）

907 年，朱全忠篡唐称帝，国号"大梁"，史称后梁或朱梁。后梁国祚 17 年，为"五代"中最长，共历三帝，分别是朱全忠和他的两个儿子——朱友珪、朱友贞。其建国时定都开封，后于 909 年迁都洛阳，913 年又还都开封。

朱全忠是砀山（今安徽省宿州市砀山县）人，原名朱温，称帝后改名朱晃。此人原是黄巢起义军中的一员大将，后叛降唐朝，颇受唐僖宗李儇的重视，赐名"全忠"，任汴州刺史、宣武军节度使，后在镇压黄巢起义的行动中不断壮大自身实力，最终拥兵自重，成为唐末强藩之一。

唐昭宗李晔继位后，周旋于内部的宦官势力与外部的藩镇势力之间，却终究力不从心。朱全忠则乘势取利，逐步控制了中央朝廷和唐昭宗，最终于 904 年将李晔挟持至洛阳并派人杀害，另立他的幼子李柷为傀儡，为自己称帝铺平道路。907 年，57 岁的朱全忠改名为朱晃，以接受唐帝禅让的形式正式即位，因此国号依然沿用了唐朝册封他的王号"梁"，以示正统。

后梁控制的地域约为今河南、山东两省全境，陕西、湖北大部，以及河北、山西、安徽、江苏、甘肃、宁夏、辽宁的小部分地区，面积是"五代"中最小的。当时实力稍弱的藩镇表面上归顺后梁接受册封，但实际仍然割据一方自治；而几个实力较强的藩镇则根本不承认梁朝，其中原唐朝河东节度使晋王李克用及其子李存勖以复兴唐朝为名与朱全忠进行的斗争最为激烈。

朱全忠早年曾暗杀李克用未遂，双方可谓势不两立。908 年李克用因病身故，其子李存勖即位后整经备武，连战连捷。912 年，仅仅当了不到六年皇帝的朱全忠在李存勖节节进逼的军事压力下，重病难愈。其子朱友珪遂乘机发动宫廷政变，弑父篡位。朱友珪登基后，虽然大肆封赏以图收买人心，不过还是于次年被其弟朱友贞联合宫廷禁军发动兵变讨伐，最终自杀并被追废为庶人。朱友贞即位后先改名朱锽，后又改名朱瑱，并将都城从洛阳迁回开封，称帝十年，为"五代"帝王之最久，但在与李存勖的鏖战中却屡遭大败。923 年，李存勖称帝建国，随后一路势如破竹，攻占开封，穷途末路的朱友贞自刎殉国，后梁灭亡。

以下表 1-1 为后梁皇帝的世系简表。

**表 1-1　后梁皇帝世系简表**

| 姓名 | 生卒年 | 都城 | 年号 | 世系 | 陵号 | 陵址现状 |
|---|---|---|---|---|---|---|
| 朱全忠，又名朱温、朱晃 | 851-912 年 | 开封（907-909 年）洛阳（909-913 年） | 开平（907-911 年）乾化（911-912 年） | 后梁太祖，原黄巢起义军将领，后降唐。903 年被唐昭宗封为梁王，907 年篡唐称帝 | 宣陵 | 河南省重点文物保护单位"后梁宣陵" |
| 朱友珪 | 884-913 年 | | 凤历（913 年） | 朱全忠次子，封郢王。912 年，弑父夺位。次年因兵变被迫自杀，后被追废为庶人 | 无 | 未发现 |
| 朱友贞，又名朱锽、朱瑱 | 888-923 年 | 开封（913-923 年） | 乾化（913-915 年）贞明（915-921 年）龙德（921-923 年） | 后梁末帝，朱全忠第三子，封均王。913 年发动兵变后即位。923 年被后唐军困于开封，自刎而死 | 无 | 未发现，传附葬于宣陵 |

# 第二节 后唐（923—936 年）

923 年，李存勖在魏州（今河北省邯郸市一带）称帝，他并没有以自己的王号"晋"作为新朝的称号，而是采用"唐"作为国号，以表示自己是唐朝的合法继承人。不过，为了区别李渊建立的"唐"和后来石敬瑭建立的"晋"，后世通常称呼李存勖称帝前的政权为"前晋"，称帝后的政权为"后唐"。

"前晋"政权由李存勖的父亲李克用一手创立。李克用是沙陀人，本姓朱邪，素以能征善战闻名，虽被唐懿宗李漼赐姓李，但却一度叛唐作乱，失败后流亡鞑靼（泛指当时蒙古草原的游牧部落）。881 年，唐僖宗李儇召回李克用以节制沙陀军队镇压黄巢起义，因其在收复长安的战斗中军功卓著，于 883 年被任命为河东节度使，从此开始雄踞一方（约为今山西中北部及河北西部地区），直至 895 年被唐昭宗李晔加封为晋王。884 年，李克用险些被朱全忠暗杀，双方自此结仇，连年争斗不休。907 年朱全忠篡唐称帝，李克用则延用唐朝年号，继续与其对峙，不过此时他已身患重病，后于次年不治而亡。

908 年，李克用长子李存勖袭位，继任后先以迅雷不及掩耳之势摧毁了其叔父李克宁及李克用养子李存颢等人的叛乱，尔后亲自带兵大破梁军，解救被围困多时的潞州（约今山西省长治市一带）。经此一战，晋军声势大振，后梁不敢轻启兵衅，李存勖遂开始整顿内政，严肃军纪，各项举措卓有成效，连朱全忠都对其赞叹不已。910-922 年，虽然与后梁的交战互有胜负，但李存勖联合部分反对后梁的藩镇，将多个依附后梁的割据势力剿灭或招抚，期间还两次打退南下侵扰的契丹大军，梁、晋之间的实力对比也随之逆转。923 年，38 岁的李存勖顺势称帝，其后兵行险着，一鼓作气围攻后梁首都，逼得后梁末帝朱友贞举剑自杀，其余将领纷纷投降，后梁领地全部纳入后唐。此后李存勖定都洛阳，威震天下，自唐末起就长期割据一方的李茂贞政权（其势力范围约今陕西大部、宁夏南部、甘肃东部及四川北部地区）向其上表称臣，后唐基本控制了北方以黄河流域为主的大部分地区。925 年，他又派其子李继岌率大军讨伐称帝的前蜀政权，因出其不意，出师后仅 70 日便一蹴而就消灭前蜀，将三川之地（约为今四川大部、陕西南部、甘肃东南部及湖北西部地区）纳入麾下。不过，在军事上取得巨大成功后，正值壮年的李存勖却开始沉湎声色、任性妄为，对伶人宦官重用宠幸，对功臣旧将猜忌杀戮，对百姓横征暴敛，对军队吝赏惜财，民心丧失殆尽，军心亦不稳固，兵变层出不穷。

926 年，河北多地接连发生兵变，而征蜀大军在班师回朝的途中也发生叛乱，耽误了归程。李存勖无奈之下，只好起用自己并不十分信任的李嗣源为将，带领番号"从马直"的皇帝亲军前往河北平叛。李嗣源是李克用养子，辅佐李氏父子多年，战功赫赫，在军中颇具声望，此时的侍卫亲军将士对李存勖早已失望透顶，遂于阵前哗变，联合叛军拥立李嗣源称帝。李存勖闻变，急忙率余部亲征，无奈大势已去，兵士于途中纷纷叛逃，只好又仓皇退回洛阳。旋即，洛阳城内也发生兵变，伶人出身的军官郭从谦率军打入宫城，李存勖在混战中被乱箭射中而亡，最后又被伶人放火焚尸，史称"兴教门之变"。洛阳大乱，李嗣源遂率军入城，平定局势，先被群臣拥戴为监国，不久后在李存勖的灵柩前正式继位并改名李亶。李继岌此时已率军行至渭南，但洛阳兵变消息传来后，其部属闻讯溃散，他也被迫自缢而死。征蜀大军随后在副使任圜的率领下，归附李嗣源。

李嗣源登基时已年届六旬，一生戎马倥偬，目不知书，但却颇知民间疾苦，即位后改革弊政，惩贪反腐，裁冗减税，并身体力行戒奢崇俭，称得上是勤政爱民，后唐本已衰败的国势也随之呈现"小康之治"的中兴局面。930年，后唐一度控制了约今河南、山东、山西、四川四省全部，河北、陕西大部及甘肃、安徽、宁夏、湖北、江苏局部的地区，面积乃五代之最。南方的割据政权除了杨吴、南汉外，皆尽臣服。可惜好景不长，人到暮年的李嗣源无法驾驭相互倾轧的朝中重臣，最终只能一杀了之，以致无人可用；面对尾大不掉的西川节度使孟知祥，无力制裁，以致蜀地复生割据；在继承人的问题上又摇摆不定，以致最终骨肉相残。

933年，趁李嗣源病重，其子李从荣密谋夺位，事泄后被杀身亡。而李嗣源病中闻变，导致病情加剧，只能仓促决定由三子李从厚嗣位，随即撒手人寰。李从厚以弱冠之年即位，对李嗣源的养子李从珂和女婿石敬瑭十分忌惮，以"换镇"为名，意欲将二人调离各自经营的藩镇后，再俟图谋。李从珂则趁机以"清君侧"的名义起兵叛乱，他在两军阵前哭诉自己的功绩，斥责朝廷妄信奸佞、诛杀功臣，并对将士许诺攻下洛阳后再给予重赏，后唐派出平叛的禁军遂纷纷倒戈。得知消息的李从厚惊惧不已，暗中逃离洛阳，途中遇到石敬瑭并被其幽禁。洛阳城中百官无主，唯有以太后曹氏典政，因她并非李从厚生母，遂下诏废李从厚为鄂王，立李从珂为帝。

934年，李从珂即位后，先派人杀了李从厚，又对石敬瑭严密监视，百般防范。936年，李从珂也想用"调任"的方式削弱石敬瑭的实力，后者同样起兵叛变，指责李从珂即位非法，应将皇位让给李嗣源的幼子李从益，并暗中向契丹割地称儿，求得援助。后唐的平叛军队因对契丹的驰援毫无戒备，以致大败，军心不稳下投降了石敬瑭，与契丹军一同南下进逼洛阳。李从珂眼见大事去矣，举族与曹太后登楼自焚，后唐遂亡。

以下表1-2为后唐皇帝的世系简表。

**表1-2　后唐皇帝世系简表**

| 姓名 | 生卒年 | 都城 | 年号 | 世系 | 陵号 | 陵址现状 |
|---|---|---|---|---|---|---|
| 李存勖 | 885-926年 | 洛阳 | 同光（923-926年） | 祖父本名朱邪赤心，为沙陀族酋长，后被唐懿宗赐名李国章，编入宗室谱籍。父李克用，官至河东节度使封晋王。908年，其父病逝后袭晋王位。923年，登基称帝，灭后梁。926年，死于兵变，庙号庄宗 | 雍陵 | 曾发现于洛阳市新安县南约35公里处，后被水库淹没 |
| 李嗣源，又名邈佶烈、李亶 | 867-933年 | 洛阳 | 天成（926-930年）长兴（930-933年） | 沙陀人，李克用养子，辅佐李存勖建立后唐。后因位高权重，备受猜忌。926年，被兵变将士拥立称帝，占据开封。因李存勖殁于洛阳兵变，遂被群臣拥戴为监国，后继位登基。933年，立李从厚为太子后病逝，庙号明宗 | 徽陵 | 全国重点文物保护单位"邙山陵墓群" |
| 李从厚 | 914-934年 | 洛阳 | 应顺（934年） | 李嗣源第三子，封宋王。933年，李嗣源病逝继位。次年，因李从珂起兵叛乱而被逼仓皇出逃，后被太后曹氏下懿旨废为鄂王，不久遇弑。后晋时被追封为闵帝 | 无 | 未发现，传附葬徽陵 |
| 李从珂 | 885-936年 | 洛阳 | 清泰（934-936年） | 后唐末帝，本姓王，李嗣源养子，封潞王。934年，以"清君侧"为名举兵反叛。起事后颇得人心，顺利攻入洛阳，初为监国，受曹太后诏而登基称帝。936年，被石敬瑭联合契丹军困于洛阳，自焚而死。石敬瑭依王礼，将其骨灰附葬于徽陵 | 无 | 未发现，传附葬徽陵 |

# 第三节　后晋（936—947年）

936年，石敬瑭起兵反叛后唐并向契丹求援，契丹主君耶律德光于太原册立其为大晋皇帝，史称后晋，又别称为石晋。不久，石敬瑭攻入洛阳，灭后唐。938年，石敬瑭正式定都于开封。

石敬瑭是沙陀人，其父早年即跟从晋王李克用。石敬瑭在后唐军中作战骁勇又沉稳寡言，深受李克用养子李嗣源器重，被视为心腹之将，后又娶其爱女为妻，一直追随于李嗣源左右，他在拥立李嗣源称帝的过程中发挥了至关重要的作用。后唐明宗李嗣源登基后任命石敬瑭为禁军副帅，执掌兵权。933年，因契丹、吐谷浑、突厥时常侵扰后唐北境，需要一名大将统帅边军，石敬瑭自愿北上，受任太原尹、河东节度使，掌握了河东这块后唐发迹起源地区（约为今山西中北部及河北西部地区）的军政大权。李嗣源逝后，继位的李从厚和夺位的李从珂都对石敬瑭颇为忌惮，尤其李从珂是以养子的身份篡位登基，因此对颇具实力又身为驸马的石敬瑭倍加猜忌，想方设法加以牵制削弱。而石敬瑭对此自然也不会束手待毙，他一方面装病麻痹李从珂，另一方面则囤积军资粮草以备战需。

936年，李从珂投石问路，欲将石敬瑭调离河东，石敬瑭则针锋相对，拒不受命并指责李从珂无权掌国，应让位于李从益（李嗣源第四子）。双方由此公然反目，李从珂下诏削夺石敬瑭的官爵，派大军讨伐，石敬瑭则一面坚守太原，一面暗中联络契丹求援，最终以称臣、纳贡、割地为条件换取了契丹的出兵支持。契丹主君耶律德光趁后唐守军不备，亲率5万骑兵由雁门关（位于今山西省忻州市代县以北约20公里）长驱直入，偷袭得手后，反将包围太原的后唐军队围困。随后，石敬瑭出城认耶律德光为义父，并受其册封称帝。因耶律德光曾与李嗣源以兄弟相称，虽比石敬瑭年轻，却也可算作长辈，故后晋以"儿国"自居，以示承祀有名。石敬瑭即位后便将幽云十六州（约为今河北北部及山西北部地区）以"贺寿礼"为名献给耶律德光，并约定每年向契丹贡献丝帛30万匹。

被困的后唐军队因粮草不支而军心动摇，副使杨光远劝主帅张敬达投降遭拒后索性将他杀害，率军投降了石敬瑭。937年初，石敬瑭在契丹帮助下率军顺利攻入洛阳，取代后唐。其时，后蜀已建国称帝，幽云十六州又纳入契丹，因此后晋控制的区域远小于后唐，约为今河南、山东两省，山西、陕西大部及河北、宁夏、甘肃、湖北、江苏、安徽的一部分。掌国后的石敬瑭，颇为注重农、商发展，民生尚有可观之处；对契丹卑辞厚礼，也算换得了边境一时安宁。不过他毕竟得国不正，威信难著，一些方镇大将屡屡抗命不从，甚至也效仿其行，拉拢契丹欲图夺位。

942年，石敬瑭抑郁成疾，不治病逝，诏命亲侄石重贵继位。石敬瑭称帝后次子、三子死于兵变，长子早年为李从珂所杀，膝下仅剩幼子石重睿一人。先皇尚有嫡子在世，却由侄子继承大统，其中不乏宫廷密筹，是以石重贵登基后对侍卫亲军统帅景延广格外恩宠。君臣二人一个血气方刚，一个不可一世，掌权后都不愿再一味屈从于契丹，遂拒不称臣，两国关系日渐恶化。

944年，一直对中原地区虎视眈眈的耶律德光以"晋廷负恩"为由挥兵南下。石重贵闻知，先遣使致书欲修旧好，遭拒后唯有亲征迎敌。此后，双方连年鏖战，因中原军民同仇敌忾，契丹军两次大规模的进攻均被挫败。但是，石重贵小胜而骄，国难当头之际仍然奢靡挥霍，而后晋王朝内部不少军阀则想乘乱夺取皇位。946年，石重贵任命自己的姑父杜重威为帅迎战再次犯境的契丹大军。杜重威在前线率军投敌，947年契丹军乘机直捣开封，石重贵唯有奉书求降，耶律德光封其为"负义侯"，举族被俘往契丹境内的建州（今辽宁省朝阳市附近）居住，后晋灭亡。

以下表1-3为后晋皇帝的世系简表。

**表1-3 后晋皇帝世系简表**

| 姓名 | 生卒年 | 都城 | 年号 | 世系 | 陵号 | 陵址现状 |
|---|---|---|---|---|---|---|
| 石敬瑭 | 892-942年 | 洛阳（937-938年） | 天福（936-942年） | 后晋高祖，沙陀人，父名臬捩鸡，岳父为后唐明宗李嗣源。原为后唐河东节度使，936年，受李从珂猜忌而起兵反叛，向契丹割地称儿，并受其册立称帝，于次年攻入洛阳灭后唐。938年，迁都开封。942年病逝 | 显陵 | 全国重点文物保护单位"后晋显陵" |
| 石重贵 | 914-974年 | 开封（938-946年） | 天福（943-944年）开运（944-947年） | 石敬瑭养子，实为其兄石敬儒之子，封齐王。942年，受诏继位。登基后，不肯再向契丹称臣，双方刀兵相向互有胜负。947年，契丹攻入开封，被迫投降，全家被俘往契丹。974年逝世，史称出帝 | 无 | 墓志被盗掘，墓址尚未确定 |

# 第四节　后汉（947—950 年）

947 年初，契丹灭亡后晋，耶律德光在开封改国号为"大辽"，意欲统治中原。但他放纵辽兵劫掠，大失人心，在中原军民群起反抗之下无法立足，最终只好率军北返。原后晋河东节度使刘知远趁机在太原称帝，随后"收复"中原，948 年正式定都于开封。刘知远自称为东汉刘氏后裔，故以"汉"为国号，史称后汉。但他登基不到一年即病逝，次子刘承祐继位三年后中原即又改朝换姓，其国祚可谓五代最短。

在契丹灭后晋之际，约为今陕西、甘肃、四川交界的部分地区归降了后蜀，所以后汉控制的区域较后晋略小，约为今河南、山东两省，山西、陕西大部及河北、宁夏、湖北、江苏、安徽的一部分。

刘知远本是李嗣源麾下的普通士卒，因对石敬瑭有救护之功而受其提拔重用。后来他与文臣桑维翰被石敬瑭视为左膀右臂，后晋依仗契丹而立国，多有赖二人的策划协助。石敬瑭称帝后，刘知远以佐命之功受任禁军最高统帅。941 年，又被石敬瑭任命为河东节度使（河东约为今山西中北部及河北西部地区）。石重贵即位后，对刘知远加官晋爵，优待安抚。944 年，契丹与后晋正式开战，刘知远在其辖区两次挫败契丹军，但他审时度势，意欲称霸河东，对石重贵的指挥命令半推半就，并借机吞并了内附的吐谷浑部族，壮大自己的实力。

947 年，契丹军进犯开封，刘知远冷眼旁观，并未发兵救援。不久，契丹灭后晋，刘知远派心腹王峻前往开封拜见耶律德光，以奉表投降为名探听虚实。王峻回报说契丹政治混乱，料其必定无法久占中原，刘知远遂在太原称帝，并沿用后晋国号、年号以引人投诚。称帝后的刘知远一面下诏抗辽，收服人心，一面则按兵不动，保存实力。他假意率亲兵营救石重贵，实际行至半途就返回太原，直至辽军主力开始北撤，方派大军由太原南下，剿抚并用，迅速稳定了中原局势，占领开封。此时，后晋石氏一族已被掳走，刘知远又命人杀死了李从益（李嗣源四子），彻底断绝了前朝血胤，以便名正言顺修改国号，开朝立嗣。

948 年，刘知远改名刘暠，不久后即身染重病，其长子已逝，遂传位于年仅 18 岁的次子刘承祐。刘承祐年少即位，朝政由功勋旧臣把持，他们行事日益专横跋扈。950 年，刘承祐以伏兵一举诛杀杨邠、史弘肇、王章三名重臣，但是其派人刺杀驻军在外的大将郭威却未能成功，后者举兵反抗，一举击溃开封守军，951 年刘承祐在逃跑途中被身边侍从杀害。

以下表1-4为后汉皇帝的世系简表。

**表1-4　后汉皇帝世系简表**

| 姓名 | 生卒年 | 都城 | 年号 | 世系 | 陵号 | 陵址现状 |
|---|---|---|---|---|---|---|
| 刘知远，又名刘暠 | 895-948年 | 开封 | 天福十二年（947年） | 后汉高祖，沙陀人，原为石敬瑭手下大将，后晋河东节度使、太原王。947年，趁契丹灭后晋时于太原自立称帝。948年，定都开封，不久即病逝 | 睿陵 | 全国重点文物保护单位"后汉皇陵" |
| | | | 乾佑（948年） | | | |
| 刘承祐 | 930-951年 | | 乾佑（949-951年） | 刘知远次子，封周王。948年，刘知远逝前被托孤于群臣。继位后，因不愿受制而诛杀辅臣，逼反大将郭威。951年，于开封城外兵败被杀，谥曰隐帝 | 颖陵 | 全国重点文物保护单位"后汉皇陵" |

# 第五节　后周（951—960年）

950年冬，后汉大将郭威发动兵变，率军攻入开封，并于次年正式即位建元，取代后汉。因其自称为周朝虢叔后裔，因此称国号为"大周"，史称后周，又别称郭周。郭威称帝三年后即病重逝世，传位于其内侄柴荣。柴荣登基后大有兴革，中原王朝的政治、经济、军事都有一番崭新气象。可惜他主政不到六年亦因病英年早逝，其年仅七岁的幼子柴宗训继位半年后就被迫禅位于大将赵匡胤，后周遂为北宋取代。

郭威是尧山（今河北省邢台市隆尧县）人，父母早亡，由亲戚抚养成人，辗转进入后唐侍卫亲军"从马直"，因能写会算，粗知兵法而升迁为小军官。刘知远执掌禁军时对其颇为器重并收为亲信。947年，刘知远趁契丹消灭后晋的混乱局势称帝建国，郭威因拥立之功被授任为枢密副使，执掌兵权。刘承祐继位后升其为正使，统兵南征北战，功勋卓著，却也颇受疑忌。

950年，刘承祐与亲信密谋，企图一举剪除前朝旧将势力。先在朝堂中伏兵诛杀杨邠、史弘肇、王章三名勋贵权臣，后又分别下密诏命令军中将领刺杀郭威和另一名大将王殷。不料受命行刺的军将反向王殷告密，王殷立即派人通知郭威。郭威将计就计，伪造诏书，宣称刘承祐欲诛杀众将，致使群情激愤，起兵造反，杀奔开封。刘承祐得知郭威率军前来，一面调兵遣将，防卫首都，一面将郭威质留在京城中的家属全部枭首，以示决一死战。被满门抄斩的郭威向士兵许诺得胜后可剽掠十日，于开封城外一举击溃后汉朝廷守军。而出城督战的刘承祐则在兵败逃跑时被身边的近侍杀害。郭威带兵入城后，请太后李氏临朝听政，并假意推举身在徐州的刘知远侄子刘赟为帝，以稳定局势，随即谎报契丹犯境，在出师的途中上演"黄袍加身"后返回京城，出任"监国"，一面又派人将闻讯赶来开封继位的刘赟在中途杀害。951年，郭威正式在开封登基称帝，国号大周。

郭威立国后，力行节俭，重视文治，努力革除历代积弊，虽然在位仅仅三年，却颇有政绩。954年，郭威自知病重难愈，逝前传位于一直跟随自己的内侄柴荣。柴荣从小就被自己的姑姑（郭威的正妻柴氏）纳为养子，在郭家长大，也叫作郭荣。柴荣登基后承袭郭威遗志，励精图治、锐意进取，文治武功皆有成就，揭开了结束分裂、统一天下的序幕。他即位之初，便亲自率兵大破北汉与辽国的联军，使北境之敌数年不敢南犯；之后从容经略，西取秦凤之地于后蜀（约今陕西西南及甘肃东南部地区），南夺江淮要冲于南唐（约今安徽北部及江苏北部地区），控制了这两块战略要地，使北伐再无后顾之忧。959年，柴荣率军亲征，自开封出兵后一路势如破竹，辽军畏惧其声势，屯兵于幽州以北（约为今河北北部、北京北部及天津北部地区），始终未敢出战，后周兵不血刃收复多地。此时，其实际控制区域约为今河南、山东两省，陕西大部、山西南部、河北中南部、甘肃东部、湖北北部，以及江苏、安徽两省内长江以北的地区。

正当柴荣踌躇满志，准备进军幽州时，却突然身染重病，只好匆忙班师回朝。回到开封的柴荣自知时日无多，即刻着手安排其子柴宗训继承大统，先是册立功勋旧将符彦卿之女符氏为皇后，又解除了郭威驸马张永德的禁军统帅职务，改由自己一手提拔的赵匡胤担任，军政大权则交付于魏仁浦、范质、王溥三名文臣之手，以期外戚、武将、文臣互相制衡，避免一方独大。

不久之后，柴荣病逝，年仅七岁的柴宗训受命登基，太后符氏垂帘听政。然而其在位仅仅半年，赵匡胤就于陈桥兵变中被拥立为帝，其过程与郭威黄袍加身如出一辙。后周群臣在赵匡胤威压之下，束手无策，最终只好安排柴宗训禅让退位，后周遂亡，五代亦就此完结。

以下表1-5为后周皇帝的世系简表。

### 表1-5 后周皇帝世系简表

| 姓名 | 生卒年 | 都城 | 年号 | 世系 | 陵号 | 陵址现状 |
|---|---|---|---|---|---|---|
| 郭威 | 904-954年 | 开封 | 广顺（951-953年） | 后周太祖，原为刘知远亲信将领，位至后汉枢密使，多次平定叛乱，大败契丹。950年，险被刘承祐诛杀，遂起兵反叛，攻入开封。951年，在军中被拥立称帝后正式登基。954年，因病逝世 | 嵩陵 | 全国重点文物保护单位"后周皇陵" |
| | | | 显德（954年） | | | |
| 柴荣，又名郭荣 | 921-959年 | | 显德（955-959年） | 后周世宗，郭威养子，其生父名为柴守礼，乃郭威发妻柴氏兄长。因柴氏无子，遂将其自幼收养。后封晋王，开封府尹。954年，受郭威遗命而继位。登基后击退北汉、西伐后蜀、三征南唐，意欲一统天下。可惜天不假年，于959年北伐辽国途中染病，不治早逝 | 庆陵 | 全国重点文物保护单位"后周皇陵" |
| 柴宗训，又名郭宗训 | 953-973年 | | 显德（960年） | 柴荣第四子，封梁王。柴荣病逝后奉诏继位，并由太后符氏垂帘听政。960年，陈桥兵变后被迫禅位给赵匡胤，降封为郑王。于973年（北宋开宝六年）逝世，谥曰"恭皇帝" | 顺陵 | 全国重点文物保护单位"后周皇陵" |

# 第二章　皇陵遗存

## 第一节　后梁皇陵

912年6月，朱友珪弑杀朱全忠后先把他的尸体掩埋在宫殿中，以掩人耳目，待其于数日后掌控了局势方才公布消息，并于灵柩前宣布继位。同年11月将朱全忠下葬宣陵。

宣陵位于今河南省洛阳市伊川县白沙乡常岭村，于2000年被定为河南省重点文物保护单位。该墓目前仅有部分封冢残存，面积约50平方米，残高约5米。宣陵损毁较为严重，并未进行过正式的考古发掘，也没有发现能够确证墓主身份的重要文物，为其定性的主要依据是相关历史文献和地方志的记载以及当地的民间流传。

北宋王溥所撰《五代会要》记载："（宣）陵在洛京伊阙县。"

民国时期李健人著《洛阳古今谈》记载："今（宣）陵在县南（指原洛阳县）五十华里龙门东南，地称朱家岭，旧属洛阳。今为伊川县境。"此外，书中还记录了当时宣陵神道尚在，两侧还有石像生。

2017年我们实地走访时，宣陵残存于村中数栋民居之间，除残冢外再无他物。网络上流传尚有一石羊留存在村中，但并未从陪同考查的当地文物部门工作人员处得到确证。而且洛阳地区各类古迹众多，此遗存是否确实为宣陵原物，有待考证。

网传宣陵出土石羊的博客网址二维码如下：

图 2-1 至图 2-4 为成都永陵博物馆于 2017 年拍摄的宣陵实景照片。

图 2-1　宣陵残冢

图 2-2　宣陵残冢　南

图 2-3　宣陵残冢　东南

图 2-4　宣陵残冢　西角

## 第二节　后唐皇陵

### 一、极建陵

908年，李克用病逝，次年安葬于其家族墓地。李存勖称帝灭梁后追谥其为太祖，陵寝定名为极建陵，并于陵旁修建宗庙"柏林寺"以奉香火祭奠。

清乾隆年间《直隶代州志》记载："晋王墓，王即李克用也。以平黄巢功封晋王。卒葬州西八里柏林寺侧。"

《四库全书·山西通志》记载："柏林寺在七里铺，晋王墓侧。后唐同光三年，庄宗建，以奉王香火。"

极建陵位于今山西省忻州市代县七里铺村，2004年被定为山西省重点文物保护单位，又名"晋王墓"。该墓于1975年被破坏，封冢损毁严重，墓顶被全部揭去，墓室内被淤泥积水占据，而陵庙"柏林寺"也早已被拆除。直至1989年才进行了该墓的彻底清理发掘，出土晋王墓志，墓主身份方得以确定。极建陵主要出土文物除了墓志外，还有11尊浮雕十二生肖官服人像石刻（缺鼠）及9尊圆雕力士石刻，浮雕高约0.7米、宽约0.3米、厚约0.13米，圆雕高度基本在0.4米左右。

李克用墓总体呈南北向，由墓道、墓门、甬道和一间墓室组成，以长方形石条为主要建筑材料并辅以少量方砖。墓道已遭民居建筑破坏，长度不明，现存部分宽约3.9米。墓门保存完整，为上、中、下三块石板竖嵌在左、右两个立颊石槽中，厚约0.4米。券拱形甬道长6.7米、宽2.6米、高3.61米，东、西两壁以浮雕线刻出行图、仪仗图，以及两名男性侍从。墓室平面呈圆角方形，南北长9.45米，东西宽9.65米。根据残迹推测，墓顶原为穹隆顶结构，并发现了拱心石。墓室东、西、北三壁刻门窗及男女侍从，并用砖石砌枋檐、立柱、斗拱等仿木结构建筑部件。墓室正中稍后位置有须弥座式棺床，长6.9米、宽3.43米、高0.5米。棺床上铺石板一层，须弥座仅正面为束腰造型，并雕有9个壸门，壸门内伎乐人图像已难准确辨认，其余三面则素面垂直。

出土的晋王墓志为青石质地，长0.91米、宽0.92米，志文共39列，1391字，保存基本完好，内容丰富，具有很高的史料价值。墓志盖呈覆斗形，正中篆文阴刻"晋王墓志"四字，周边线刻八卦卦象、缠枝花纹和凤鸟纹。四边线刻戴十二生肖冠饰文官像，生肖依顺时针排列，次序与今相同，每边刻三人像，人像间也以线刻缠枝花卉装饰。

有关李克用墓的研究资料比较少见，当年的发掘清理工作由忻州市文物局的李有成先生负责，详细信息皆收录于《李有成考古论文集》一书中。晋王墓现由代县博物馆负责日常管理，但因不具备接待条件，并未正式对外开放参观。2017年我们实地走访时，主要收获是《代县李克用墓发掘报告》《晋王墓志考释》等文献材料，但并没能见到除墓志外的其他出土文物，也没被获准进入墓室近距离考查，颇为遗憾。不过，确实曾有游客进入墓室并近距离拍下了封门石和甬道照片并传于网络。

介绍参观极建陵的博客网址二维码如右图所示。

图2-5至图2-12为成都永陵博物馆于2017年拍摄的极建陵实景照片。

图 2-5 极建陵现状

图 2-6 墓室残存封冢 北

图 2-7　残存墓道

图 2-8　墓室

图 2-9　墓室北壁

图 2-10　墓室南壁及甬道

图 2-11　墓室东壁

图 2-12　墓室西壁

图 2–13 至图 2–16 为成都永陵博物馆于 2017 年实地拍摄的极建陵出土文物照片。

图 2-13　穹隆顶拱心石

图 2-14　晋王墓志（盖）

图 2-15　晋王墓志盖八卦方位

由 12 点位置按顺时针方向卦象依次为：坎、艮、震、巽、离、坤、兑、乾。

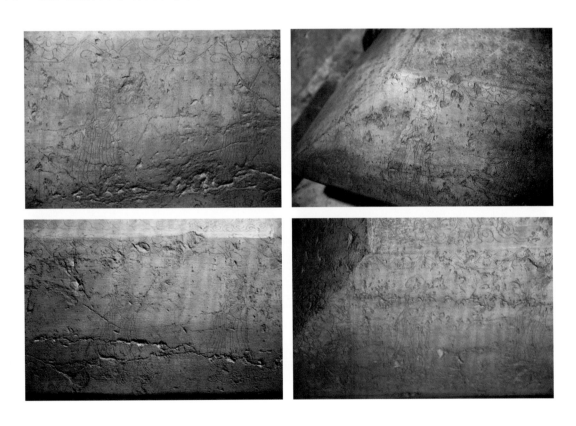

图 2-16　晋王墓志盖十二生肖（部分）

图 2-17 至图 2-21 为极建陵出土文物拓片。

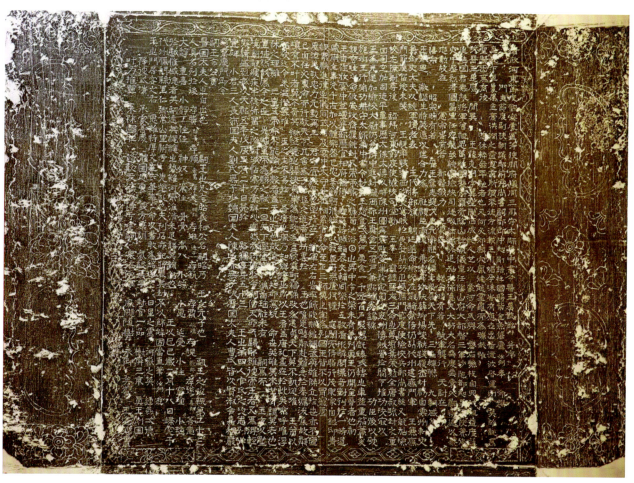

图 2-17　晋王墓志（拓片）

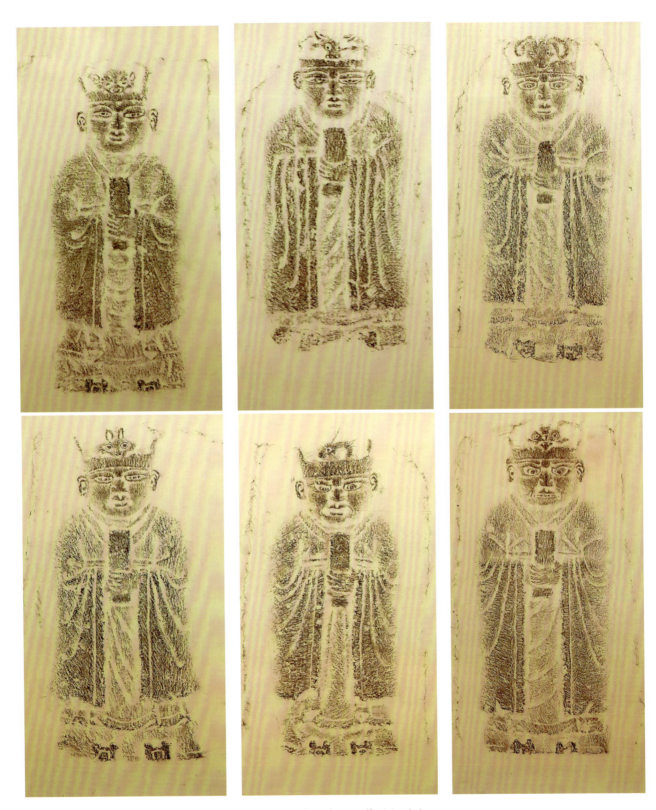

图 2-18 生肖官服人像（拓片）

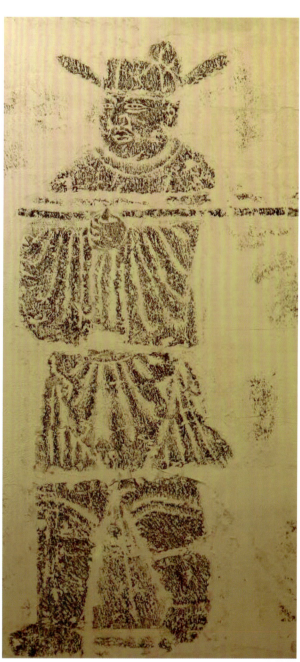

图 2-19 甬道两壁线刻侍从（拓片）

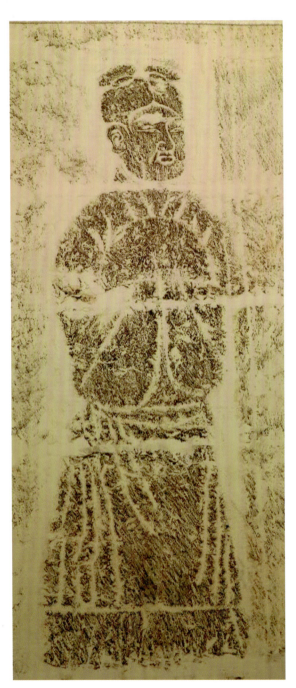

图 2-20　墓室北壁线刻侍从（拓片）

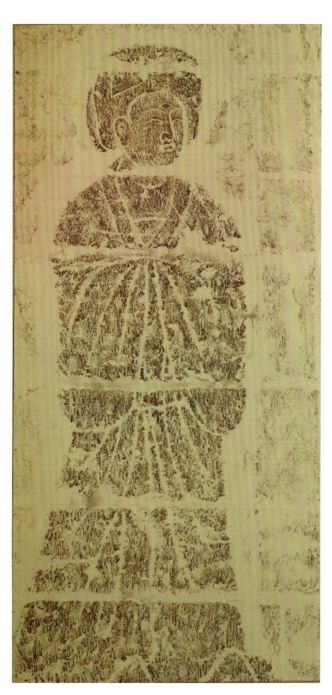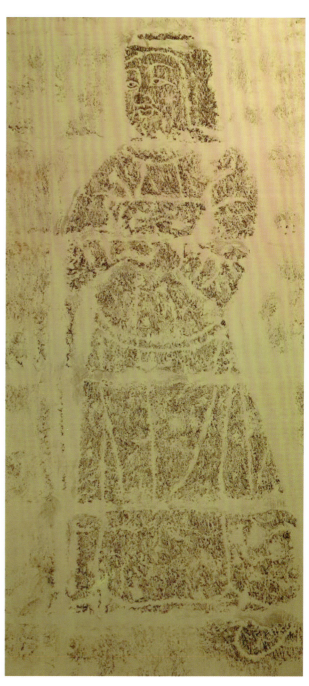

图 2-21　墓室西壁线刻侍从（拓片）

## 二、徽陵

933年，李嗣源病逝后的第六天，从外地赶回洛阳的李从厚为其发丧，并于灵柩前宣布继位。不过，他还没来得及给父亲下葬便被李从珂夺去了皇位，后者则在即位的当月将李嗣源正式安葬于徽陵，庙号明宗。

徽陵位于今河南省洛阳市孟津县送庄镇送庄村，2001年，作为"邙山陵墓群"组成之一的徽陵被定为全国重点文物保护单位。徽陵现仅存一座较为完整的封冢，直径约50米、高约12米。该墓未被发掘，文物工作者也没有发现能够确证墓主身份的重要文物，主要依据相关历史文献和地方志的记载，推测此处应是李嗣源墓。

北宋王溥所撰《五代会要》记载："（徽）陵在洛京洛阳县。"

《四库全书·大清一统志卷一百六十三·河南府二》记载："明宗徽陵在新安县东北十里护驾庄。"

清代《古今图书集成·河南府古迹考》记载："后唐明宗徽陵在洛阳东北十里今护驾庄地。"

清乾隆年间《洛阳县志》记载："后唐明宗徽陵在洛阳东北十里，今查在东北路护驾庄。"

民国时期李健人著《洛阳古今谈》记载："（徽陵）龚松林于今城东北护驾庄考得之。陵周一百零七号，高七丈五尺，占地十亩余。"

2017年我们实地走访时，徽陵矗立于一片农田之中，墓冢不远处有一座碑亭，其中的"后唐明宗徽陵"石碑是孟津县人民政府于2014年树立的文物标识，而碑亭则修建于2015年，以此作为"邙山陵墓群"的文物保护单位标志。

图 2-22 至图 2-25 为成都永陵博物馆于 2017 年拍摄的徽陵实景照片。

图 2-22　徽陵石碑

图 2-23　徽陵文物保护标志

图 2-24　徽陵封冢外貌

图 2-25　徽陵现状

## 三、雍陵及伊德妃墓

李存勖墓原位于河南省洛阳市新安县西沃乡下板峪村败仗沟。据第二次全国文物普查资料记载，当时李存勖墓"封冢已夷平"，也并未进行过考古发掘，文物工作者当年主要依据相关历史文献记载以及当地民间流传推测其位置。后为配合水库建设工程，河南省考古研究所曾进行文物勘探，但未发现有墓葬痕迹，该区域现已被水库淹没。

北宋王溥所撰《五代会要》记载："（雍）陵在洛京新安县。至晋天福二年正月，以犯庙讳，改为伊陵。"

《四库全书·大清一统志卷一百六十三·河南府二》记载："五代唐庄宗陵在新安县北七十里黄坂峪。"

根据史书记载，李存勖正式册命的妻子有皇后刘氏、淑妃韩氏以及德妃伊氏三人。李嗣源登基后，赐死刘氏，将韩氏和伊氏遣往太原居住，二人后在石敬瑭反叛时被契丹俘获。2012年，文物工作者在内蒙古自治区赤峰市巴林左旗哈拉哈达镇小西沟村附近发掘了一座墓葬，出土的墓志证明墓主正是后唐德妃伊氏。

该墓为砖结构多室墓，由墓道、墓门、甬道、主室及两间耳室组成，大体呈南北向，全长23.7米。发现时已没有封冢，明显曾被多次盗掘，墓顶也遭到破坏，不过除了墓志外，还是出土了不少各类随葬品。赤峰市博物馆、巴林左旗辽上京博物馆、巴林左旗文物管理所的同志撰写了该墓的详细发掘报告，并发表于2016年第3期的《考古》杂志；而"德妃墓志"的详细资料则由马凤磊先生发表于2016年第2期的《草原文物》杂志。

值得一提的是，在发掘报告中认为主室中部偏北的砖砌台座为"木制小帐基座"，是属于契丹特色的葬具，而我们认为这个台座也可能就是须弥座式的棺床，其上放置死者棺椁。不过这一问题比较复杂，需专门撰文阐释，不在此处赘述。

2017年，我们实地走访时，该墓已经回填，出土文物主要由赤峰市博物馆收藏。墓葬原址位于大山深处，极其偏远，墓址周围依然散布有不少散落的墓砖和瓷片。另据巴林左旗辽上京博物馆工作人员介绍，以前在墓址附近曾发现无首石人一具和残石兽一只，但是否为伊德妃墓前石像生，尚不能定论。

图 2-26 至图 2-29 及图 2-31 至图 2-36 为赤峰市博物馆拍摄的后唐德妃墓考古发掘期间的照片。

图 2-26　德妃墓（由南向北拍摄）

图 2-27　德妃墓（由北向南拍摄）

图 2-28 德妃墓（由西向东拍摄）

图 2-29 德妃墓（由东向西拍摄）

图 2-30 为考古工作人员绘制的后唐德妃墓发掘平、剖面图。

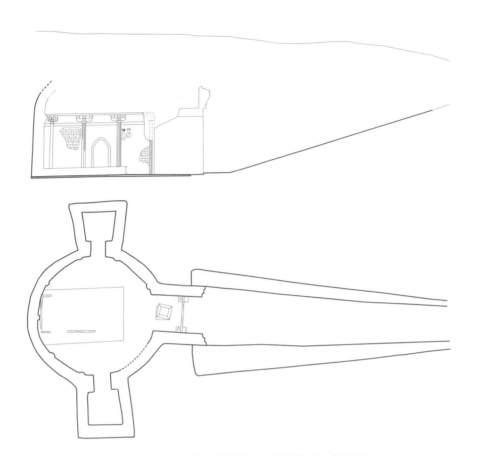

图 2-30　德妃墓发掘报告中墓葬的平、剖面图

图 2-31　德妃墓墓门及墓道

图 2-32　德妃墓主室

图 2-33　德妃墓主室及甬道

图 2-34　德妃墓东耳室墙壁

图 2-35　德妃墓东耳室穹隆顶

图 2-36 德妃墓志出土时情形

图 2-37 至图 2-40 为赤峰市博物馆拍摄的后唐德妃墓出土文物。

图 2-37 德妃墓志（盖）拓片

图 2-38 德妃墓陪葬品出土时情形（部分）

图 2-39 修复后的德妃墓出土陪葬品（部分）

图 2-40　德妃墓附近发现的石人和石兽

图 2-41 与图 2-42 为德妃墓被发掘前与回填后的照片。

图 2-41　德妃墓发掘前情形

图 2-42　德妃墓回填后情形

第二章　皇陵遗存 | 39

# 第三节　后晋皇陵

## 一、显陵

石敬瑭在位七年，抑郁而亡，时年不过51岁，庙号高祖，葬于显陵。他虽定都开封，但却逝于邺都（约为今河北省邯郸市大名县），后又安葬于洛阳附近，其间缘由，现已不得而知。

北宋王溥所撰《五代会要》记载："（显陵）在洛京寿安县。"

《四库全书·大清一统志卷一百六十三·河南府二》记载："晋高祖显陵在宜阳西北。"

显陵位于今河南省洛阳市宜阳县盐镇乡石陵村，2013年被定为全国重点文物保护单位。显陵现存封冢呈覆斗形，底围周长100米、高20米，全系夯土筑成，夯层厚约30厘米，每个夯层中间筑一层礓石，夯打结实，保存较为完好。该墓并未进行过发掘，不过据《洛阳市志·文物志》的记载，以前封冢原有"晋高祖墓冢"石碑一通，立于清雍正二年（1724年）九月，可惜在1998年被当地村民破坏。墓前原有石像生九对和石望柱两根，因地势低洼、泥土淤积，现均已沉没地下约4米处，仅两根石柱的柱头还露于地表，据此推测显陵神道宽约25米、长约300米。

2017年我们实地走访时，显陵矗立于一片农田之中，仅于墓冢南面约300米处发现一根石柱的柱头露出地表约0.5米。据当地村民介绍，附近还曾发现过高约1.3米的圆雕石狮一对，不过现已不知所踪。

图 2-43 至图 2-46 为成都永陵博物馆于 2017 年拍摄的显陵实景照片。

图 2-43　显陵现状　北

图 2-44　显陵封冢外貌

图 2-45　显陵文物保护标志

图 2-46　显陵石望柱

## 二、石重贵墓

史书记载石重贵亡国后，举家被俘往契丹，辗转两年有余，历经波折之后，最终在建州耕垦自赡。随后其族即湮没于史海之中，无迹可寻。

契丹建州约为今辽宁省朝阳市一带，当地也确实发现了不少石重贵一族的重要遗存。1998年，石重贵及其长子石延煦的墓志被朝阳市博物馆征集入藏（石重贵的墓志后于2000年被辽宁省博物馆征集）；2011年，朝阳市朝阳县乌兰河硕蒙古族乡黄道营子村出土石敬瑭皇后李氏墓志和石重贵生母安氏墓志。

通过对以上出土文物的研究，基本可以断定，当时契丹安置石重贵一家的"安晋城"就位于今朝阳县波罗赤村附近。在第三次全国文物普查中，该地也发现了一座边长500余米的辽代方形土城遗迹，应该正是石氏北迁后的居留之地。

有关这几件墓志文物的详细资料分别收录于以下几篇研究论文：

1. 都兴智、田立坤著《后晋石重贵石延煦墓志铭考》，刊登于2004年11期《文物》。

2. 齐伟著《辽宁省博物馆藏〈石重贵墓志铭〉考释》，刊登于2013年出版的《辽金历史与考古（第四辑）》。

3. 杜晓红、李宇峰著《辽宁朝阳县发现辽代后晋李太后、安太妃墓志》，刊登于2014出版的《边疆考古研究（第十六辑）》。

4. 张桂霞、李宇峰著《辽代〈石延煦墓志铭〉考释》，刊登于2015年出版的《辽金历史与考古（第六辑）》。

图 2-47 与图 2-48 为成都永陵博物馆于 2017 年拍摄的收藏于辽宁省博物馆的石重贵墓志文物照片。

图 2-47　辽宁省博物馆藏石重贵墓志

图 2-48　石重贵墓志（局部）

# 第四节　后汉皇陵

948 年，刘知远因心爱的长子刘承训去世而伤心过度，最终一病不起，在开封的皇宫中病逝，时年不过 53 岁，庙号高祖，葬于睿陵。而刘承祐被杀后，郭威还是依王礼将其葬于颍陵。其实，郭威登基后没有将刘承祐挫骨扬灰以报灭门血仇，已算大度，之所以还将其正式安葬享祀，有可能是因刘知远皇后李氏的关系。史书中记载的李皇后很有政治智慧，对丈夫和儿子都提出过正确的劝谏。郭威率军占领开封后，依然尊李氏为太后，借助她的威信以顺利平定局势。

刘知远与李氏的爱情故事被元代人刘唐卿改编成颇具传奇色彩的南戏《刘知远白兔记》，后又衍生为京剧及多个地方剧种，李氏在戏中被称作李三娘，一度是家喻户晓的人物。954 年，李皇后逝世，若按戏文中她和刘知远相差约 20 岁推算，其年龄尚不到 40 岁。

后汉皇陵（包括后汉高祖睿陵、后汉隐帝颍陵和后汉太后陵）位于今河南省禹州市西北部地区，2013 年被定为全国重点文物保护单位。其中睿陵位于苌庄乡柏村，颍陵位于花石乡徐庄村，太后陵位于浅井乡麻地川村。睿陵与颍陵距离较近，直线距离约 5 公里，但是与太后陵则相距较远，直线距离约 15 公里。睿陵墓冢残存，高约 8 米、直径约 15 米，呈覆碗状，据称神道两侧石刻文物大多于早年间被埋或被毁，仅有几件石狮保存了下来。而颍陵与太后陵的封冢已被夷平，其余的遗迹遗物据称埋于地下或被毁坏。

后汉皇陵并未进行过正式的考古发掘，人们也没有发现能够确证墓主身份的重要文物，有关其位置的历史文献记载也并不一致，定性的主要依据似乎只有当地民间流传。

北宋王溥所撰《五代会要》记载："（睿）陵在洛京告成县……（颍）陵在许州阳翟县。"[1]

《四库全书·大清一统志卷一百六十三·河南府二》记载："汉高祖睿陵在登封县东测景台在。"

2017 年我们实地走访时，睿陵已掩没在一片杂草树丛之中，墓前的文物保护标志还是立于 1963 年的旧碑；颍陵则已荡然无存，丝毫不见踪影；太后陵的遗址同样没有实迹可寻，至于附近的"李三娘寨遗址公园"，也无具有参观价值之处。

介绍参观"李三娘寨遗址公园"的博客网址二维码如下：

---

[1] 王溥在后汉时即出仕为官，后周时官至宰相，其编撰的《五代会要》中关于后汉的记载应是比较可靠的。

图 2-49 与图 2-50 为后汉皇陵管理单位拍摄的后汉皇陵实景照片。

图 2-49　睿陵封冢　西

图 2-50　睿陵封冢　东

图 2-51 至图 2-53 为成都永陵博物馆于 2017 年拍摄的睿陵实景照片。

图 2-51　睿陵文物保护标志

图 2-52　睿陵裸露青石构件

图 2-53　夏季遍布树丛杂草的睿陵

图 2-54 为后汉皇陵管理单位拍摄的后汉皇陵相关文物照片。

图 2-54　睿陵附近发现的石狮

# 第五节　后周皇陵

后周皇陵位于今河南省新郑市城北约 18 公里的郭店镇附近，共有四座陵墓，分别称为嵩陵、庆陵、顺陵和懿陵。2001 年，被定为全国重点文物保护单位。郭威、柴荣生前都提倡俭朴，反对奢华，后者还尤其压制佛教，所以后周皇陵的规模形制可谓历代皇家陵墓中最为朴素者，既未安放石像生守墓，也未设置神道享殿或陵庙建筑。

## 一、嵩陵

嵩陵即郭威墓，位于今郭店镇高家村。现存墓冢高约 8 米、周长近 100 米。郭威生性节俭，在帝王中可谓难得。他在弥留之际特意叮嘱柴荣丧事从简，勿扰民力，不修地宫享殿，不置石人石兽，用"瓦棺纸衣"将自己轻殓薄葬即可。954 年正月郭威病逝，柴荣遵照其遗愿，发丧后三个月即将他安葬于嵩陵。

嵩陵并没有进行过发掘，其内是否真用瓦棺纸衣亦不得而知，附近也没有保留下能够确证墓主身份的重要文物，为其定性的主要依据是相关历史文献和地方志的记载及当地民间流传。

北宋王溥所撰《五代会要》记载："（嵩陵）在郑州新郑县。"

乾隆四十一年（1776 年）编《新郑县志》记载："陵前旧有石刻云：周天子平生好俭约，遗令用纸衣瓦棺，嗣天子不敢违也。"

图 2-55 至图 2-59 为成都永陵博物馆于 2017 年拍摄的嵩陵实景照片。

图 2-55　嵩陵封冢外貌

图 2-56　嵩陵墓冢　南侧

图 2-57　嵩陵墓冢　西侧

图 2-58　嵩陵墓冢　东侧

图 2-59　嵩陵周边现状

## 二、庆陵

庆陵为柴荣墓，位于今郭店镇陵上村，与郭威嵩陵的直线距离约 4 公里，墓冢保存较为完好，高约 10 米、周长 105 米。

柴荣生前曾立志"以十年开拓天下，十年养百姓，十年致太平"，在五代乱世算是难得的明君，只可惜英年早逝，夙愿未竟。但也许正是因为他的生命在最辉煌的时刻终结，所以也将最完美的形象留给了后世，不论庙堂或民间都对其推崇备至。庆陵虽然没有进行过发掘，但历朝历代在此立碑撰文祭祝者甚多。陵前原有石碑 200 余通，可惜大多毁于近代战乱，现仅存 28 通旧碑，其中年代最早的为明宣德元年（1426 年），最晚的为清宣统元年（1909 年）。此外，还有数通为今人于近年来树立的陵碑。

图 2-60 至图 2-61 为成都永陵博物馆于 2017 年拍摄的庆陵实景照片。

图 2-60　庆陵现状

图 2-61　庆陵封冢

图 2-62 至图 2-63 为庆陵封冢前的古代石碑。

图 2-62　庆陵封冢前祭祝文碑　西

图 2-63　庆陵封冢前祭祝文碑　东

图 2-64 至图 2-66 为庆陵封冢前的近代石碑。

图 2-64　新郑市人民政府 2001 年立神道石碑

图 2-65　新郑市文物局 2017 年立碑介绍柴荣生平

图 2-66　柴氏宗亲立纪念碑（2007 年立）

以下表2-1为庆陵古代祭祀文碑统计表。

**表2-1　庆陵古代祭祀文碑统计表**

| 年　代 | 形　制 | 碑　额 | 碑　文 | 祭祀人 |
| --- | --- | --- | --- | --- |
| 明宣德元年（1426年） | 高138.5厘米，宽84厘米 | 无 | 维宣德元年岁次丙午二月乙丑朔十一日乙亥，皇帝遣都察院右都御史王彰致祭于周世宗皇帝，曰：惟帝统承先业，保义帮家，民赖以安，功德惟式。予嗣位之初，特用祭告，尚享。（楷书字体） | 王彰 |
| 明天顺三年（1459年） | 高177厘米，宽72厘米 | 御制祭文（楷书字体） | 维天顺三年岁次乙卯八月庚戌朔十二日□□，皇帝遣郑州知州余靖致祭于周世宗皇帝，曰：昔者奉天明命，相继为君，代天理物，抚育黔黎，彝伦攸叙，井井绳绳，至今承之，生民多福，思不忘而报。兹特遣使赍捧香币，只命有司诣陵裕祭，惟帝英灵，来歆来格，尚享。（楷书字体） | 余靖 宋□ 姚旭 张雄 |
| 明天顺六年（1462年） | 高140厘米，宽71厘米 | 御制祝文（篆书字体） | 维天顺六年岁次壬午八月癸亥朔十一日癸酉，皇帝遣河南开封府郑州知州余靖致祭于周世宗皇帝，曰：昔者奉天明命，相继为君，代天理物，抚育黔黎，彝伦攸叙，井井绳绳，至今承之，生民多福，思不忘而报。兹特遣使赍捧香币，只命有司诣陵裕祭，惟帝英灵，来歆来格，尚享。（楷书字体） | 余靖 张□ 李宝 张雄 |

续表

| 年　代 | 形　制 | 碑　额 | 碑　文 | 祭祀人 |
|---|---|---|---|---|
| 明成化四年（1468年） | 高163厘米，宽76厘米 | 御制祝文（楷书字体） | 维成化四年岁次戊子八月戊子朔十八日乙巳，皇帝遣河南开封府郑州知州赵中寿致祭于周世宗皇帝，曰：昔者奉天明命，相继为君，代天理物，抚育黔黎，彝伦攸叙，井井绳绳，至今承之，生民多福，思不忘而报。兹特遣使赍捧香币，只命有司诣陵裕祭，惟帝英灵，来歆来格，尚享。（楷书字体） | 赵仲寿<br>万荣<br>方新<br>冯昭 |
| 明成化十三年（1477年） | 高196厘米，宽74厘米 | 御制祝文（篆书字体） | 维成化十三年岁次丁酉八月乙未朔越十五日乙酉，皇帝遣河南开封府郑州知州洪宽致祭于周世宗皇帝，曰：昔者奉天明命，相继为君，代天理物，抚育黔黎，彝伦攸叙，井井绳绳，至今承之，生民多福，思不忘而报。兹特遣使赍捧香币，只命有司诣陵裕祭，惟帝英灵，来歆来格，尚享。（楷书字体） | 洪宽<br>周韶<br>聂濂<br>陈郁 |
| 明弘治元年（1488年） | 高167厘米，宽81厘米 | 御制祭文（篆书字体） | 维弘治元年岁次戊申三月乙丑朔越二十一日乙酉，皇帝遣武安侯郑英致祭于周世宗帝，曰：惟帝恪守先业，致治保民，兹予嗣统，景慕良深。谨用祭告，尚享。（楷书字体） | 郑英<br>张锐<br>王震<br>王宪 |

续表

| 年　代 | 形　制 | 碑　额 | 碑　文 | 祭祀人 |
|---|---|---|---|---|
| 明弘治五年（1492年） | 高183厘米，宽76厘米 | 御制祭文（篆书字体） | 维弘治五年岁次壬子八月乙亥朔十八日丙辰，皇帝遣开封府郑州知州郭宏致祭于周世宗皇帝，曰：昔者奉天明命，相继为君，代天理物，抚育黔黎，彝伦攸叙，井井绳绳，思不忘而报。兹特遣使，赍捧香币，只命有司诣陵致祭，惟帝英灵，来歆来格，尚享。（楷书字体） | 郭宏<br>陈济<br>石纯粹<br>李□ |
| 明弘治十一年（1498年） | 高183厘米，宽82厘米 | 御制祝文（篆书字体） | 维弘治十一年岁次戊午八月辛亥朔十八日辛巳，皇帝遣河南开封府郑州知州赵士元致祭于周世宗皇帝，曰：昔者奉天明命，相继为君，代天理物，抚育黔黎，彝伦攸叙，井井绳绳，思不忘而报。兹特遣使，赍捧香币，只命有司诣陵致祭，惟帝英灵，来歆来格，尚享。（楷书字体） | 赵士元<br>陈济<br>黎臣<br>石纯粹 |
| 明弘十四元年（1501年） | 高163厘米，宽66厘米 | 御制祭文（篆书字体） | 维弘治十四年岁次辛酉八月丁酉十九日甲子，皇帝遣河南开封府郑州知州郭宏致祭于周世宗皇帝，曰：昔者奉天明命，相继为君，代天理物，抚育黔黎，彝伦攸叙，井井绳绳，思不忘而报。兹特遣使，赍捧香币，只命有司诣陵致祭，惟帝英灵，来歆来格，尚享。（楷书字体） | 赵士元<br>黎臣<br>石纯粹<br>王□□ |

续表

| 年　　代 | 形　　制 | 碑　　额 | 碑　　文 | 祭祀人 |
| --- | --- | --- | --- | --- |
| 明弘治十七年（1504年） | 高173厘米，宽73厘米 | 御制祝文（篆书字体） | 维弘治十七年岁次甲子八月癸酉朔十九日丙子，皇帝遣河南开封府郑州知州杜槃致祭于周世宗皇帝，曰：昔者奉天明命，相继为君，代天理物，抚育黔黎，彝伦攸叙，井井绳绳，思不忘而报。兹特遣使，赍捧香币，只命有司诣陵致祭，惟帝英灵，来歆来格，尚享。（楷书字体） | 杜槃李友王伯寿张俸 |
| 明正德元年（1506年） | 高155厘米，宽72厘米 | 御制祭文（篆书字体） | 维正德元年岁次丙寅四月庚戌朔初九日戊午，皇帝遣鸿胪寺卿杨瑢致祭于周世宗皇帝，曰：惟帝克受先业，致治保民，兹予嗣统，景慕良深。谨用祭告，尚享。（楷书字体） | 杨瑢翁文魁李友 |
| 明正德五年（1510年） | 高187厘米，宽80厘米 | 御制祝文（篆书字体） | 维正德五年岁次庚午八月乙酉朔二十三日丙午，皇帝遣河南开封府郑州同知致祭于周世宗皇帝，曰：昔者奉天明命，相继为君，代天理物，抚育黔黎，彝伦攸叙，井井绳绳，至今承之。生民多福，思不忘而报。兹特遣使，赍捧香币，只命有司诣陵致祭，惟帝英灵，来歆来格，尚享。（楷书字体） | 李友辛安管旦穆斌 |
| 明嘉靖元年（1522年） | 高191厘米，宽77厘米 | 御制祭文（篆书字体） | 维嘉靖元年岁次壬午四月丁丑朔越四日庚辰，皇帝遣大理寺右丞刘源清致祭于周世宗皇帝，曰：帝克先业，致治保民，兹而嗣统，景慕良深，谨用祭告，尚享。（楷书字体） | 刘源清陶照陈□马允德 |

续表

| 年　代 | 形　制 | 碑　额 | 碑　文 | 祭祀人 |
| --- | --- | --- | --- | --- |
| 明嘉靖四年<br>（1525年） | 高190厘米，宽96厘米 | 御制祝文<br>（篆书字体） | 维嘉靖四年岁次乙卯八月乙酉朔越二十日丁未，皇帝遣河南开封府郑州知州刘汝輗致祭于周世宗皇帝，曰：昔者奉天明命，相继为君，代天理物，抚育黔黎，彝伦攸叙，井井绳绳，至今承之。生民多福，思不忘而报。兹特遣使，赍捧香币，只命有司诣陵致祭，惟帝英灵，来歆来格，尚享。（楷书字体） | 刘汝輗<br>□超<br>高徵<br>张麟 |
| 明嘉靖十九年<br>（1540年） | 高157厘米，宽66厘米 | 御制祭文<br>（楷书字体） | 维嘉靖十九年岁次庚子八月庚申朔二十六日乙酉，皇帝遣河南开封府郑州知州孙壁等致祭于周世宗皇帝，曰：昔者奉天明命，相继为君，代天理物，抚育黔黎，彝伦攸叙，井井绳绳，至今承之。生民多福，思不忘而报。兹特遣使，赍捧香币，只命有司诣陵致祭，惟帝英灵，来歆来格，尚享。（楷书字体） | 孙壁<br>□□□<br>□□□<br>□□□ |
| 明嘉靖三十一年<br>（1552年） | 高155厘米，宽69厘米 | 御制祭文<br>（楷书字体） | 维嘉靖三十一年岁次壬子八月乙酉朔二十七日，皇帝遣河南开封府郑州知州徐恕致祭于周世宗皇帝，曰：昔者奉天明命，相继为君，代天理物，抚育黔黎，彝伦攸叙，井井绳绳，至今承之。生民多福，思不忘而报。兹特遣使，赍捧香币，只命有司诣陵致祭，惟帝英灵，来歆来格，尚享。（楷书字体） | 王时禄<br>杨端伦<br>刘相<br>蔡元祀 |

续表

| 年　　代 | 形　　制 | 碑　额 | 碑　　文 | 祭祀人 |
|---|---|---|---|---|
| 明隆庆四年（1570年） | 高150厘米，宽66厘米 | 无 | 维隆庆四年岁次庚午□月丙申朔二十六日辛酉，皇帝遣河南开封府郑州知州李时选致祭于周世宗皇帝，曰：昔者奉天明命，相继为君，代天理物，抚育黔黎，彝伦攸叙，井井绳绳，至今承之。生民多福，思不忘而报。兹特遣使，赍捧香币，只命有司诣陵致祭，惟帝英灵，来歆来格，尚享。（楷书字体） | 李时选 |
| 明万历四年（1576年） | 高163厘米，宽54厘米 | 无 | 维万历四年岁次丙子八月辛酉朔二十二日壬午，皇帝遣河南开封府郑州知州张允济致祭于周世宗皇帝，曰：昔者奉天明命，相继为君，代天理物，抚育黔黎，彝伦攸叙，井井绳绳，至今承之。生民多福，思不忘而报。兹特遣使，赍捧香币，只命有司诣陵致祭，惟帝英灵，来歆来格，尚享。（楷书字体） | 张允济 |
| 明万历二十二年（1594年） | 高164厘米，宽67厘米 | 无 | 维万历二十二年岁次甲午八月丙午朔二十日乙丑，皇帝遣河南开封府郑州知州易可训等致祭于周世宗皇帝，曰：昔者奉天明命，相继为君，代天理物，抚育黔黎，彝伦攸叙，井井绳绳，至今承之。生民多福，思不忘而报。兹特遣使，赍捧香币，只命有司诣陵致祭，惟帝英灵，来歆来格，尚享。（楷书字体） | 易可训<br>刘蓄良<br>张德慎<br>周至德 |

续表

| 年　代 | 形　制 | 碑　额 | 碑　文 | 祭祀人 |
|---|---|---|---|---|
| 明万历三十四年（1606年） | 高196厘米，宽65厘米 | 无 | 维万历三十四年岁次丙午八月丁酉朔越二十二日戊午，皇帝遣河南开封郑州知州张奇观等致祭于周世宗皇帝，曰：昔者奉天明命，相继为君，代天理物，抚育黔黎，彝伦攸叙，井井绳绳，至今承之。生民多福，思不忘而报。兹特遣使，赍捧香币，只命有司诣陵致祭，惟帝英灵，来歆来格，尚享。（楷书字体） | 张奇观 王守祖 何东旸 李冲实 |
| 清雍正十三年（1735年） | 高194厘米，宽67厘米 | 御制祭文（楷书字体） | 维雍正十三年岁次乙卯十二月丙寅朔越十八日癸未，皇帝遣太常寺卿王㳺致祭于周世宗之陵，曰：礼崇典祀，光俎豆于前徽，念切景行，荐馨香于往哲。维周世宗继天建极，抚世诚民，丰功焜耀于简编，功烈昭垂宇宙。溯典型于在昔，凛法监之常久。朕以藐功，继登大宝，□□图之伊始，宣展祀以告虔。特遣专官，只遵彝典。苾芬在列，备三鲜之隆仪，灵爽式凭，仰千秋之明德。尚其歆格，永锡洪禧，谨告。（楷书字体） | 王㳺 安凤彩 西尔德 张受长 陈延谟 |

**续表**

| 年　　代 | 形　　制 | 碑　额 | 碑　　文 | 祭祀人 |
|---|---|---|---|---|
| 清乾隆十四年（1749年） | 高221厘米，宽73厘米 | 御制祝文（楷书字体） | 维乾隆十四年岁次己巳六月丁丑朔越四日庚辰，皇帝遣督察院左副都御史叶一栋致祭于周世宗，曰：惟帝王继天建极，抚世绥猷，教孝莫先于事亲，治内必兼于安外。典型在望，缅怀至德要道之归；景慕惟殷，心希武烈文谟之盛，兹以边徼□□，中□摄位，慈宁晋庆洽，神人敬□。专官用申殷荐，仰惟歆格，永锡洪禧。（楷书字体） | 叶一栋<br>孙琦<br>沈青崖<br>高趪<br>董榕 |
| 清乾隆十五年（1750年） | 高172厘米，宽70厘米 | 御制祭文（楷书字体） | 维乾隆十五年岁次庚午十月庚午朔越祭日甲戌，皇帝遣正蓝旗蒙古都统宗室色贝致祭于周世宗之陵，曰：惟帝雄才卓越，武略奋扬，绍基当流，极之衰衣，常在复古，戡乱值纷纭之会，忘不懈于修文，迈五代而擅英声，武昭功烈阅千秋，而光祀典，勿替馨香。朕稽古制而时巡，指中州而税驾，遥瞻松柏，式企园陵，特遣专官，用修礼祭，灵其鉴格，尚克歆承。（楷书字体） | 色贝<br>高趪<br>董榕<br>万人谟 |

续表

| 年　代 | 形　制 | 碑　额 | 碑　文 | 祭祀人 |
|---|---|---|---|---|
| 清乾隆十七年（1752年） | 高203厘米，宽65厘米 | 御制祭文（篆书字体） | 维乾隆十七年岁次壬寅月癸亥朔□□日甲申，皇帝遣大理寺卿副都统卞塔海告祭于周世宗之陵，曰：惟帝王宪天作极，受箓天麻。教孝莫于事亲，敛福用光乎继治，是□是训。缅惟至德要道之归，寿国寿人，允怀锡类，雅恩之盛。兹以慈宁万寿，懋举鸿仪，敬晋徽称，神人庆洽。受申殷荐，特遣专官，冀鉴兹忱，永绥多福。（楷书字体） | 卞塔海 常有 张奎祥 邹大业 梁易简 |
| 清乾隆二十五年（1760年） | 高186厘米，宽64厘米 | 御制祭文（楷书字体） | 维乾隆二十五年岁次庚辰正月丁未朔越四日庚戌，皇帝遣日讲官起居注詹事府少詹事兼翰林院侍讲学士梁锡玛致祭于周世宗皇帝，曰：朕维帝王建极绥猷，经文纬武。诞敷德教，仁义备其渐摩，克诘戎兵，声灵彰其赫濯。□后道本同□□命讨之，昭垂今古，功归一轨。兹以西师克捷，回部荡平。缅骏烈于前型，敷奏其勇远，徂征于绝域。遹观厥功，中外腾欢，神人协庆。专官肃祀，昭鉴惟歆。（楷书字体） | 梁锡玛 七达色 观音保 傅尔 瑚讷 叶志宽 |

续表

| 年　代 | 形　制 | 碑　额 | 碑　文 | 祭祀人 |
|---|---|---|---|---|
| 清乾隆四十一年（1776年） | 高219厘米，宽72厘米 | 御制祭文（楷书字体） | 维乾隆四十一年岁次丙申丙申月庚午朔越祭日壬午日，皇帝遣内阁侍读学士欧阳瑾致祭于周世宗陵，曰：惟帝王德治，恩威义严，彰瘅锄奸，禁暴昭命讨之，无私辑远绥荒，振声灵之有赫。兹以两金川大功□□，逆党咸俘。珍遗孽于番陬，戬武协求宁之志；缅丰功于前代，庆成觊耆定之庥福特遣专官，肃将禋祀，惟冀鉴歆。（楷书字体） | 欧阳瑾达桑阿王启绪武先慎 |
| 清光绪元年（1875年） | 高155厘米，宽64厘米 | 碑额残缺 | 维光绪元年岁次乙亥六月丙寅朔越十日乙亥，□遣南阳镇总兵赵鸿举致祭于周世宗神位前，曰：光昭宇宙千秋之明□，惟馨祀展□陵，旷代之隆仪备举。缅怀前烈，敬奉精禋。朕以藐躬继登大宝，念命民岩之可畏，夙夜不遑思，皇煌帝谛之同符，典型未远，肃特享礼，特遣专官，灵爽常存，弥切景行之慕，馨香斯荐，用申昭告之诚，惟冀来歆，福兹亿兆。（楷书字体） | 赵鸿举清科张暄 |

续表

| 年　代 | 形　制 | 碑　额 | 碑　文 | 祭祀人 |
|---|---|---|---|---|
| 清宣统元年（1909年） | 高141厘米，宽51厘米 | 御制祭文（楷书字体） | 维宣统元年岁次乙酉八月丁丑朔越祭日丁酉，皇帝遣河南南阳总兵郭殿邦致祭于周世宗神位前，曰：缅怀洪业，丕基递嬗于累朝，景慕前徽，郅治渐臻于上理。惟帝王建极，乘时绥猷御宇，裕经纶于自古，宏启佑于方来。朕以藐躬，继登大宝，伏念膺图之始，宣修致礼之诚，特遣专官，用申祇告，典型在望，□成□□以□□，□□□通□而有格，尚祈昭格，来□□。（楷书字体） | 郭殿邦<br>叶济<br>朱炎昭<br>徐恒 |

注：表中"□"为碑文存在，但已无法辨认的文字。

## 三、顺陵

柴宗训逊位于赵匡胤后，被封为郑王，迁往房州（约今湖北省十堰市房县）居住。973年，年仅20岁的柴宗训于当地逝世，赵匡胤谥其曰"恭皇帝"，归葬于柴荣庆陵之侧。顺陵即为柴宗训墓，位于今郭店镇陵上村，与柴荣庆陵相距数百米。

顺陵规模很小，封冢高4米、周长40米，曾被盗掘过。文物工作者于1992年对其进行了勘察，没有发现什么文物，之后又做了回填处理，现已掩没在农田之中。根据当年勘察的资料记载，该墓坐北朝南，平面呈圆形，由砖砌的墓室、甬道和土坑竖穴墓道三部分组成。墓室直径6.2米、高约7米，穹隆顶。墓室及甬道的壁面都涂有白灰，上面绘有彩色的建筑木构件图像和人物，墓室的顶部则绘有星象图，但大部分壁画已被铲除或剥落，仅在墓室的西侧和甬道的东侧各留存一幅壁画。

图 2-67 至图 2-69 为成都永陵博物馆于 2017 年拍摄的顺陵实景照片。

图 2-67　顺陵封冢现状

图 2-68　顺陵全貌

图 2-69　掩没在树丛中的顺陵保护标识

图 2-70 为 1992 年勘察人员拍摄的顺陵墓室残留壁画。

图 2-70　顺陵墓室壁画

## 四、懿陵

懿陵为柴荣皇后符氏之墓，位于今郭店镇陵上村，就在柴荣庆陵旁几十米处，不过已被民居破坏，冢土保存很差，现存冢高 3 米、周长约 20 米。据当地文物工作者介绍，曾由顶部进入墓室进行勘察，不过墓室结构破坏较为严重，几乎没有任何遗存。

柴荣先后册立了三位皇后。其发妻刘氏，在刘承祐诛杀郭威全家时遇害，在柴荣登基后被追封为贞惠皇后，另外两位皇后则都是五代时期的大将符彦卿之女，俗称为"大符后"、"小符后"，以示区别。大符后原嫁于后汉河中节度使（河中约为今山西省西南部地区）李守贞之子李崇训。后来李守贞因叛乱失败而自焚，临死前要先杀家人陪葬，符氏藏身不出，躲过一劫，后被前来平叛的郭威救回，符氏遂拜郭威为义父。郭威登基后，特意聘娶符氏为丧妻的柴荣续弦。符氏常常能对柴荣脾气暴躁时的不当行为进行温言劝谏，因而颇受敬重，后被册封为皇后。955 年，她在陪柴荣亲征南唐的途中，不幸染病，返回开封后不治而亡，遂安葬于新郑，谥曰宣懿，陵号懿陵。大符后病逝后，其妹妹成为柴荣继室。柴荣临终前特意册封其为皇后，是为"小符后"。在柴宗训登基后小符后被尊为太后，垂帘听政，北宋立国后，被尊为周太后，于 993 年离世，传附葬懿陵。

图 2-71 至图 2-73 为成都永陵博物馆于 2017 年拍摄的懿陵实景照片。

图 2-71　懿陵封冢现状　南

图 2-72　懿陵封冢现状　西

图 2-73　懿陵文物保护标识

# 参考文献

[1] 薛居正，等.旧五代史.北京：中华书局.1976.

[2] 欧阳修.新五代史.徐无党，注.北京：中华书局.1974.

[3] 司马光.资治通鉴.胡三省，音注.北京：中华书局.1956.

[4] 王溥.五代会要.上海：上海古籍出版社.1978.

[5] 储大文.山西通志.山西省史志研究院整理.北京：中华书局.2006.

[6] 穆彰阿，潘锡恩，等.大清一统志.上海：上海古籍出版社.2008.

[7] 李健人.洛阳古今谈.洛阳市地方史志办公室整理.郑州：中州古籍出版社.2014.

[8] 方诗铭.中国历史纪年表.修订本.上海：上海人民出版社，2007.

[9] 吕思勉.隋唐五代史.上海：上海古籍出版社.1984.

[10] 洛阳市地方史志编纂委员会.洛阳市志·文物志.郑州：中州古籍出版社.1995.

[11] 新郑市文物管理局.新郑市文物志.北京：中国文史出版社.2005.

# 后 记

2017年，成都永陵博物馆在省、市主管部门的支持下，开始了全国五代十国遗存调查工作，本书的出版正是此项工作的收获之一。

博物馆工作的主旨在于面向大众的欣赏与教育，所以这是一本以参观成都永陵博物馆的普通观众为主要目标读者的书籍，旨在简明扼要的介绍五代十国的兴亡更替，以及展示国内目前其它五代十国重要历史遗存，以期让观众对于永陵的历史背景有一个更为全面深入的了解。

由于篇幅所限，第一辑中主要记叙"五代"，以后还会陆续介绍"十国"以及其它在当时具有一席之地的藩镇。希望通过我们的绵薄之力，让更多人认识这段承唐启宋的历史沧桑。而我们的五代十国遗存调查工作也会一直持续开展，欢迎您提供相关的线索。

在我们开展调查工作的过程中，得到了全国各地诸多文博兄弟单位的鼎力相助，在此特致以真挚的感谢！ 2017年由广州市文物考古研究院主办的"五代十国考古发现与研究学术研讨会"和2018年由成都永陵博物馆主办的"全国五代十国文物信息交流论坛"都是五代十国历史文化研究工作者的宝贵平台，我们衷心期待相关的学术研究活动今后能够持续开展。

成都永陵博物馆

2018年12月

为 2018 年"全国五代十国文物信息交流论坛"代表合影

朱雄市博物馆同志向我馆人员介绍情况

大邑市文物考古所同志向我馆人员介绍情况

甘孜州文化局康巴藏族同志向我馆人员及考古教授介绍情况

名誉馆长冯福国向我馆人员介绍情况

为 2017 年"五代十国考古新发现与研究学术研讨会"代表合影